Känguru Lesespaß

Barbara Zoschke

# Die Fußballwette

Mit Bildern von Klaus Puth

arsEdition

**Bibliografische Information Der Deutschen Bibliothek**

Die Deutsche Bibliothek verzeichnet diese Publikation
in der Deutschen Nationalbibliografie;
detaillierte bibliografische Daten sind im Internet über
http://dnb.ddb.de abrufbar.

5 4 3 2 1    09 08 07 06


Text: Barbara Zoschke
Titelbild und Innenillustrationen: Klaus Puth
Titel- und Rückseitenvignetten: Betina Gotzen-Beek
ISBN-13: 978-3-7607-4001-0
ISBN-10: 3-7607-4001-4

www.arsedition.de

# Inhalt

Als ich einmal mutig war 4

Als Ole schoss 16

Als ich lieber weglaufen wollte 27

Als ich zu Boden ging 36

## Als ich einmal mutig war

Mein Name ist Kallewegge.
Lennart Kallewegge.
Und ich bin Torwart.
Wie es dazu kam?
Das war so:

Ich habe drei ältere Brüder.
Lucas, Vincent und Kornelius.
Vincent und Kornelius
spielen gerne Fußball.
Lucas guckt gerne zu.
Mitspielen kann er nicht.
Er sitzt nämlich im Rollstuhl.

Am Anfang
habe ich auch nur zugeguckt.
Ich war wohl zu klein,
um mitzuspielen.
Auf dem Spielfeld hätte man mich
über den Haufen gerannt.

Lucas saß also im Rollstuhl.
Ich saß auf seinem Schoß
und zusammen
guckten wir den anderen
beim Fußballspielen zu.

Die Mannschaften
stritten sich sehr oft.
Vor allem,
wenn Ole mitspielte.
Ole war der Älteste.
Ole war der Größte.
Ole war der Beste.

Wenn sie stritten,
ging das so:
War der Ball im Aus oder nicht?
Hat Simon
nach dem Ball getreten
oder nach Leons Bein?
Stand Henrik wirklich
im Abseits?

Aber meistens stritten die Spieler,
weil keiner ins Tor wollte.
Beim Fußballspielen
geht es nämlich ums
Toreschießen.
Und wer im Tor steht,
kann nun mal keine schießen.

Einmal war der Streit
besonders schlimm.
„Wenn du nicht sofort
ins Tor gehst“,
schrie Kornelius,
„ist das Spiel jetzt aus!“
„Ich geh aber nicht ins Tor!“,
schrie Kilian.

„Ich bin Stürmer!"
„Jeder muss mal ins Tor!",
brüllte Kornelius.
„Dann geh du doch",
schrie Kilian.

Ich merkte,
dass Lucas unruhig wurde.
Er wäre traurig,
wenn das Spiel
schon zu Ende wäre.
Denn wie gesagt:

Er guckt gerne zu,
wie sie dribbeln, flanken,
passen und schießen.
Ich weiß gar nicht,
was er lieber tut.

Also sprang ich
von seinem Schoß
und tippte mir mutig
gegen die Brust.
„Ich geh ins Tor“,
sagte ich
so laut wie möglich.
Kornelius und Kilian
rissen die Augen auf.

„Du?“, fragten sie.
„Im Tor“, sagte ich,
„kann mich jedenfalls niemand
über den Haufen rennen.“
Kornelius und Kilian nickten.
Also lief ich ins Tor
und Lucas klatschte.

## Als Ole schoss

Ich wusste genau,
was zu tun war.
Als Torwart muss man
etwas in die Knie gehen,
die Beine spreizen,
den Oberkörper vorbeugen,
die Arme ausbreiten
und auf der Stelle tänzeln.

Im Fernsehen
werfen sich die Torwarte
den Bällen sogar entgegen.
Und genau das
tat ich auch,
als Ole schoss.
Ole schoss
aus drei Metern Entfernung.
Es war ein harter Schuss.
Ich sprang nach links oben.

Meine Hände waren weit
über meinem Kopf.
Ich schnappte den Ball
aus der Luft
und krachte zu Boden.

Der Boden war hart, sehr hart.
Aber das war mir egal.
Denn der Ball in meinen Armen
war warm und weich.

Meine Brüder
jubelten und klatschten.
Aber Ole winkte ab
und meinte:
„Anfängerglück!“

Ich schoss den Ball
voller Anfängerglück
ganz hoch in die Luft.
Er flog über den Gartenzaun
von Nachbar Schulte.
Ole stöhnte.

„Pass doch auf, du Baby!“
Kornelius holte den Ball.
Simon warf ein.
Der Ball flog
auf Oles Fuß
und der drosch ihn
mit ganzer Wucht
auf mein Tor.

„Oje“, dachte ich ängstlich.
Aber ich stand wie eine Mauer.
Der Ball traf mich
in den Bauch.
Ich hielt den Ball fest,
klappte über ihm zusammen
und schnappte nach Luft.
Lucas klatschte wie verrückt.

„Verdammtes Anfängerglück!“,
schimpfte Ole.
Er ballte die Fäuste
vor Wut,
lief rückwärts
über das Feld
und schrie mich an:
„Jetzt schieß endlich,
du Anfänger!“

Vincent ging auf Ole zu.
„Lennart ist kein Anfänger!“,
zischte er.
Ole grinste und fragte:
„Was denn sonst?“
Vincent verschränkte
die Arme vor der Brust.
„Er ist ein Könner!“,
sagte er.
„Er ist schließlich unser Bruder.“

Ole grinste fies.
„Und ich sage:
Er ist ein Anfänger!
Wollen wir wetten?“

## Als ich lieber weglaufen wollte

Oles Mannschaft
nahm Aufstellung
vor meinem Tor:
Simon, Leon und Henrik,
Basti, Mick und Ole.
„Jeder schießt einmal“,
verkündete Ole.

„Lennart muss mindestens
drei Bälle halten.
Dann ist er ein Könner!
Wenn nicht,
ist er ein Anfänger!"
Meine Knie
begannen zu schlottern.
Aber Lucas klatschte.

Simon legte sich
den Ball zurecht.
Dann ging er
zehn Schritte zurück.
Er schaute
in die rechte untere Ecke
von meinem Kasten.
Ich tänzelte nervös hin und her.

Simon schoss,
ich warf mich nach rechts.
Aber der Ball ging
in die linke obere Ecke.
Oles Mannschaft jubelte.

Jetzt stand Henrik vor mir.
Er legte sich
den Ball vor die Füße
und schoss sofort.
Ich faustete den Ball weit
in die gegnerische Hälfte.
Diesmal jubelten wir.

Der dritte Schütze war Mick.
Mick schaute den Ball an,
nahm Anlauf –
und blieb stehen.
Er lächelte nervös
zu Ole rüber.
„Jetzt mach schon“,
pflaumte der.

Mick atmete tief durch
und schoss.
Der Ball rollte lahm
auf mich zu.
Ich musste mich nur bücken,
um ihn aufzuheben.
„Du Flasche!“,
schimpfte Ole.
Mick zuckte traurig
die Schultern.

„Du musst nur noch einen halten“,
sagte Vincent zu mir.
Schon stand Leon bereit.
Er grinste siegessicher.
Doch da kam Ole.
Er schubste Leon weg
und drohte mir:

„Jetzt verpasse ich dir einen,
dass du aus dem T-Shirt fliegst!"
Am liebsten wäre ich
ja weggelaufen.
Aber das hätten
Vincent und Kornelius
mir nie verziehen.
Und Lucas schon gar nicht.

## Als ich zu Boden ging

Ole band seine Schuhe neu.
Er zog seine Stutzen zurecht.
Er funkelte mich wild an
und schoss!
Der Ball war sehr schnell,
vielleicht schneller als der Schall.
Deshalb konnte ich nicht sehen,
wohin er flog.

Ich blieb einfach stehen.
Leicht vorgebeugt,
die Arme ausgebreitet wie Flügel,
die Augen geradeaus.

Der Ball flog mir
mitten ins Gesicht.
Genauer gesagt:
direkt auf die Nase.
Ich fiel um
und blieb liegen.

Kornelius und Vincent
setzten mich
auf Lukas' Schoß
und rasten mit dem Rollstuhl
die Straße entlang.
Zu Hause packten sie mir
Eisbeutel ins Gesicht.

Die Nase blutete wie verrückt,
aber sie war nicht gebrochen.
Lucas hielt meine Hand fest.
Meine Mutter regte sich auf.
„Warum musste denn
ausgerechnet Lennart
ins Tor?“

Vincent und Kornelius
klopften mir auf die Schulter.
„Weil er ein Könner ist.
Er ist zwar k.o. gegangen,
aber die Wette ist gewonnen!“

Jetzt bin ich Torwart
in der Mannschaft meiner Brüder.
Aber ich wechsle bald
ins Feld.
Ich werde Stürmer!
Denn neulich,
da habe ich gegen Ole
im Zweikampf gewonnen.
Da hat Lucas vielleicht geklatscht!

Känguru Lesespaß